Das Betriebliche Gesundheitsmanagement und seine Ziele. Belastungsfaktoren im Arbeitsumfeld und Strategie-Workshop

Rebecca Werner

Bibliografische Information der Deutschen Nationalbibliothek:

Die Deutsche Nationalbibliothek verzeichnet diese Publikation in der Deutschen Nationalbibliografie; detaillierte bibliografische Daten sind im Internet über http://dnb.d-nb.de abrufbar.

ISBN: 9783346447548
Dieses Buch ist auch als E-Book erhältlich.

Deutsche Hochschule für

Prävention und Gesundheitsmanagement

Einsendeaufgabe

Fachmodul:	Betriebliches Gesundheitsmanagement 1
Studiengang:	Sport- und Gesundheitsmanagement MBA
Datum **Präsenzphase:**	11.01.21 – 13.01.21
Name, Vorname:	Werner, Rebecca
Studienort:	**Stuttgart – Bad Cannstatt**
Semester:	**WS 2019**

Inhaltsverzeichnis

1 Ziele und Nutzen eines BGM

1.1 Ziele

Folgende Ziele sollte die Muster AG mit der Implementierung eines BGM verfolgen:
Die Konkretisierung der Ziele wurde unter Einbindung des Smart-Prinzips beschrieben.

Steigerung des Betriebsergebnisses sowie der Wettbewerbsfähigkeit

- Spezifisch: Rückgang der Mitarbeiterfluktuation um 1,5%-Punkte innerhalb von 15 Monaten.
- Messbar: Die Mitarbeiterfluktuation wird anhand der Fluktuationsquote des Unternehmens gemessen.
- Attraktiv: Eine Reduzierung der Mitarbeiterfluktuation deutet auf die Zufriedenheit der Mitarbeiter hin. Zufriedenheit steigert die Motivation sowie die Arbeitseinstellung und wirkt sich positiv auf die Unternehmensziele wie z. B. den Gewinn aus. Zudem kostet es das Unternehmen deutlich mehr Geld, potenzielle Mitarbeiter zu akquirieren, als Bestehende zu halten. Auch das Unternehmensimage profitiert durch eine positive Außenwirkung. Darüberhinaus wirkt die Muster AG auch dem aktuellen Fachkräftemängel entgegen.
- Realistisch: Die Senkung der Mitarbeiterfluktuationsquote um 1,5%-Punkte im Vergleich zum Vorjahr, sollte innerhalb von 15 Monaten realisiert werden.
- Terminiert: Das BGM startet zum 01.01.2021, ein Rückgang der Fluktuationsquote wird zu Beginn der zweiten Quartals 2022 erwartet.

Abbildung 1: AH 1, Steigerung des Betriebsergebnisses sowie der Wettbewerbsfähigkeit (eigene Darstellung, 2021)

Verbesserung des Wohlbefinden und der Gesundheit

- Spezifisch: Ziel ist es, den Krankheitsstand um 5% zum Vorjahr zu reduzieren.
- Messbar: Der Krankheitsstand wird anhand der Daten des Unternehmens entwickelt und ist eine eindeutig messbare Kennzahl im BGM.
- Attraktiv: Aus Unternehmenssicht beutet ein geringer Krankenstand, dass weniger Umsatzeinbußen sowie ein besseres Betriebsklima die Folge wäre. Zudem werden „Organisationskrankheiten" wie z. B. Burnout oder Stresssymptome eingedämmt. Aus Sicht der Arbeitnehmer bedeutet ein „gesundes Arbeitsumfeld" eine höhere Lebensqualität.
- Realistisch: Eine Senkung des Krankheitsstandes um 5% zum Vorjahr ist binnen 12 Monaten realisierbar.
- Terminiert: Das BGM startet zum 01.01.2021, es wird eine Absenkung des Krankheitsstandes zu Beginn des Jahres 2022 erwartet.

Abbildung 2: AH 1, Verbesserung des Wohlbefinden und der Gesundheit (eigene Darstellung, 2021)

Stärkung des Sozial- und Humankapital

- Spezifisch: Wir stärken die sozialen Beziehungen zwischen Führungskräften und Mitarbeitern in Form von Feedbackbögen- und Gesprächen anhand eines noch zu ermittelnden Zufriedenheitswerts.
- Messbar: Es werden Feedbackbögen von den Mitarbeitern und Führungskräften zum Ist-Zustand der sozialen Beziehungen beantwortet (Januar 2021). Vierteljährlich werden ab sofort "15-Minuten-Meetings" mit den direkten Vorgesetzten geführt. Halbjährlich werden die entsprechenden Feedbackbögen analysiert. Nach dem ersten Jahr wird eine Zwischenbilanz gezogen.
- Attraktiv: Gute soziale Beziehungen am Arbeitsplatz bringen sowohl für die Mitarbeiter als auch für das Unternehmen eine Reihe von Vorteilen mit sich, wie z. B. mehr Kreativität und schnelle Problemlösungen, höhere Produktivität, verbesserte Loyalität und höhere Mitarbeiterbindung.
- Realistisch: Eine sichtbare Stärkung der sozialen Beziehungen um den nächst höheren Stufenwert ist innerhalb von 12 Monaten realistisch.
- Terminiert. Im Juni 2021 ist der Zufriedenheitswert der sozialen Beziehungen zwischen Führungskräften und Mitarbeitern um mindestens den Stufenwert 1 gestiegen.

Abbildung 3: AH 1, Stärkung des Sozial- und Humankapital (eigene Darstellung, 2021)

Die Quelle für die vorangegangene Teilaufgabe 1.1 lautet: Universität Bielefeld. Ziele des BGM nach ZWW: Zugriff am 19.01.2021. Verfügbar unter www.bgm-bielefeld.de

1.2 Nutzen

Der Nutzen eines BGM lässt sich aus Sicht des Unternehmens, sowie aus Sicht der Mitarbeiter, wie folgt darstellen:

Sichtweise Unternehmen

Sicherung der Leistungsfähigkeit aller Mitarbeiter

- Begründung: Leistungsfähige Mitarbeiter arbeiten effektiv und motiviert. Dadurch steigt die Produktivität ihrer Arbeit, das persönliche Engagement und somit auch die Wahrscheinlichkeit, die Unternehmensziele zu erreichen.

Erhöhung der Motivation durch Stärkung der Identifikation mit dem Unternehmen

- Begründung: Um sich als Arbeitgeber attraktiver zu positionieren, werben viele Unternehmen mit umfangreichen Mitarbeiterbindungsprogrammen, um die Identifikation der Mitarbeiter mit dem Unternehmen zu erhöhen. Dass damit Vorteile wie z. B. eine geringere Fluktuationsrate, größere Leistungsbereitschaft und mehr Arbeitszufriedenheit einhergehen, kommt dem Unternehmen langfristig zu Gute. Durch das BGM werden all diese Faktoren unterstützt, hervorgehoben oder teilweise erstmalig ins Leben gerufen.

Stärkung der Wettbewerbsfähigkeit

- Begründung: In vielen großen Unternehmen wird BGM bereits angeboten. Kleinere sowie mittelständische Unternehmen nutzen diese Möglichkeit noch in geringem Umfang. Das Potenzial und die Motivation, sich der Gesundheitsförderung zuzuwenden, sind vorhanden – fehlendes Wissen hierbei, scheint die größte Hürde zu sein. So kann ein Unternehmen, welches BGM bereits implementiert hat, einen klaren Wettbewerbsvorteil gegenüber seinen Mitbewerbern aufweisen. Nicht nur in puncto Mitarbeitergewinnung und – Bindung, sondern – simpel betrachtet – auch als reine Existenzgrundlage.

Abbildung 4: AH 2, Sichtweise Unternehmen (eigene Darstellung, 2021)

Sichtweise Mitarbeiter

Sicherung bzw. Steigerung der Leistungsfähigkeit

- Begründung: Auch den Mitarbeiter motiviert es, leistungsfähig und erfolgreich zu arbeiten. So erbringt er die vom Arbeitgeber erwünschte Leistung und erfährt Lob, Anerkennung und Wertschätzung. Durch stetig gute Arbeitsleistung und Arbeitsergebnisse besteht für den Mitarbeiter die Möglichkeit, in puncto Position und/oder Gehalt aufzusteigen.

Mitgestaltung des Arbeitsplatzes und der Arbeitsabläufe bzw. –Inhalte

- Begründung: Jeder Mitarbeiter wünscht sich bei der Gestaltung von Arbeitsprozessen mitzuwirken, Verantwortung zu übernehmen aber auch Ideen einzubringen und frei in seiner Umsetzung zu sein. Wenn der Arbeitgeber dem Mitarbeiter genügend Vertrauen entgegenbringt, erfährt er auch hier Bestätigung. Dies schließt wiederum den Kreislauf von Arbeitsmotivation, Leistungsfähigkeit, Mitarbeiterzufriedenheit und führt zu höherer Profitabilität für das Unternehmen.

Verringerung von physischen und psychischen Belastungen sowie Präsentismus (Krank-zur-Arbeit-gehen)

- Begründung: Mit der Implementierung des BGM wird dem Arbeitnehmer die Wichtigkeit seiner eigenen Gesundheit vor Augen geführt. Durch das Angebot von Präventionskursen und anderen Gesundheits-Workshops wird diese Einsicht unterstützt. Die persönliche Verbesserung der Work-Life-Balance sowie die Reduzierung von Krankheitstagen und Arztbesuchen sind nur einige von vielen Vorteilen für den Arbeitnehmer.

Abbildung 5: AH 2, Sichtweise Mitarbeiter (eigene Darstellung, 2021)

Die Quelle für die vorangegangene Teilaufgabe 1.2 lautet: Bundesgesundheitsministerium. Vorteile betrieblicher Gesundheitsförderung 1 BGM: Zugriff am 19.01.2021. Verfügbar unter Vorteile betrieblicher Gesundheitsförderung I BMG (bundesgesundheitsministerium.de)

2 Belastungen in der Arbeitswelt

2.1 Belastungen

Am Arbeitsplatz können zahlreiche Belastungsfaktoren auftreten. Zur besseren Übersicht werden diese dreiteilig gegliedert. Im ersten Abschnitt wird auf typische persönliche Belastungen eingegangen. Dazu zählt insbesondere Stress, welcher oft durch Leistungs- oder Zeitdruck ausgelöst wird und häufig auch mit Burnout-Symptomen einhergeht. Im zweiten Abschnitt wird näher auf zwischenmenschliche Belastungsfaktoren eingegangen. Darunter werden soziale Konflikte am Arbeitsplatz verstanden, in deren Kontext auch Formen wie Mobbing vorkommen. Im dritten Unterpunkt werden umgebungsbedingte Belastungsfaktoren beleuchtet.

> **Stress**
>
> - Begründung: Das Tagesgeschäft der Muster AG ist u. a. von Konkurrenzdruck und sich stetig beschleunigenden Prozessen geprägt. Zudem existiert ein Fachkräftemangel, welcher den Druck auf die einzelnen Mitarbeiter verstärkt. Ganz allgemein betrachtet entsteht Stress dann, wenn ein Mensch merkt, dass er persönlich nicht mehr in der Lage ist, die an ihn gestellten Arbeitsanforderungen zu meistern. Diese Anforderungen können *psychischer, emotionaler, sozialer* oder *physischer* Natur sein. Einige Beispiele hierfür, lassen sich der Muster AG zuordnen:
> - *Emotional*: permanente Freundlichkeit, Mobbing, Kollegialität leben
> - *Psychisch*: Termin- und Leistungsdruck, Multitasking, Unterbrechungen und Störungen bei der Arbeit, Überstunden usw.
> - *Sozial*: Fehlende Anerkennung und Unterstützung von Kollegen/Vorgesetzten, Konkurrenzdruck, mangelnde Vereinbarkeit von Familie und Beruf
> - *Physisch*: Lärm, Arbeiten ohne ausreichende Pausenzeiten
>
> Arbeitsbedingte Erkrankungen durch Stress lassen sich in psychische sowie physische Erkrankungen unterteilen. Eine Folge bei psychischen Erkrankungen wäre z. B. Konzentrationsminderung. Langfristig kann dies zu psychosomatischen Krankheiten wie z. B. Müdigkeit, Erschöpfung oder auch Depressionen führen. Physisch kann sich Stress z. B. in Form von Bluthochdruck, Kreislaufstörungen oder Herzbeschwerden zeigen. Da der Krankenstand der Muster AG seit mehreren Jahren auf einem hohen und überdurchschnittlichen Niveau liegt, ist es höchste Zeit, ein BGM zu implementieren, um der Zunahme von Erkrankungen erfolgreich entgegenzuwirken.

Abbildung 6: AH 3, Stress (eigene Darstellung, 2021)

> **Konflikthafte Arbeitsbeziehungen zu Vorgesetzten/Führungskräften und/oder Kollegen**
>
> - Begründung: Die Mitarbeiter der Muster AG berichten zunehmend über Konflikte mit den Führungskräften. Häufige Ursachen für Konflikte am Arbeitsplatz sind z. B. Neid und Konkurrenzdenken, Angst um den eigenen Arbeitsplatz sowie erhöhter Zeitdruck. Oft werden immer mehr und komplexere Aufgaben vergeben, die dennoch in derselben Arbeitszeit abgeleistet werden müssen. Stress kommt auf und die persönlichen Beziehungen untereinander werden belastet bzw. vernachlässigt. Das Betriebsklima verschlechtert sich. Wenn man in den beschriebenen Situationen keine Unterstützung bzw. Wertschätzung von seinen Kollegen oder Vorgesetzten erfährt, kann sich dies negativ auf die Arbeitsbeziehungen auswirken. Die negativen Folgen von konflikthaften Arbeitsbeziehungen können z. B. Unzufriedenheit, Illoyalität, „stille" Arbeitsverweigerung oder langfristig auch Kündigungen sein. Weil die Muster AG diesen möglichen Negativfolgen entgegenwirken möchte, wird das BGM implementiert.

Abbildung 7: AH 3, Konflikthafte Arbeitsbeziehungen zu Vorgesetzten/Führungskräften und/oder Kollegen (eigene Darstellung, 2021)

Lärm, Lichtverhältnisse und klimatische Bedingungen

- Begründung: Bei den Arbeitsplätzen der Muster AG handelt es sich ausnahmslos um Büro- und Bildschirmarbeitsplätze. Abgesehen von wenigen Ausnahmen, handelt es sich bei den Büros um Großraumbüros. Großraumbüros verfügen im allgemeinen über höhere Lärmpegel als Einzelbüros. Definitionsmäßig wird Lärm als laute, durchdringende Geräusche beschrieben, welche als lästig, störend oder unangenehm empfunden werden. Lärm kann Stress fördern, woraus eine deutliche Abnahme der Konzentrations- als auch Leistungsfähigkeit sowie ein geringeres Wohlbefinden resultieren kann. Dies wirkt sich negativ auf die Arbeitsleistung aus, insbesondere bei geistigen Tätigkeiten, wodurch sich eine verminderte Aufnahmefähigkeit bzw. geringere Aufmerksamkeit ergeben kann. Eine gute Beleuchtung bzw. angenehme Lichtverhältnisse sind in vielerlei Hinsicht von großer Wichtigkeit. Unzureichende Lichtverhältnisse können die Arbeitsleistung- und Qualität beeinträchtigen. Außerdem können durch hohe Augenbelastungen, Nackenschmerzen, Übelkeit und Kopfschmerzen entstehen, womit das natürliche Wohlbefinden negativ beeinflusst wird und auf Dauer zu psychische Schäden führen kann. Relevant für das Raumklima sind vor allem eine ideale Luftfeuchtigkeit, Temperatur und Luftzirkulation. Zu den häufigsten Symptomen eines schlechten Raumklimas zählt Sauerstoffmangel, der durch unzureichende Belüftung entsteht. Somit stellen gute klimatische Bedingungen am Arbeitsplatz eine wichtige Grundlage für die Gesundheit und das Leistungsverhalten der Angestellten dar (Dr. Poppelreuter, S., Prof. Dr. Mierke, K., Psychische Belastungen am Arbeitsplatz, 2012, S.47f.). .

Abbildung 8: AH 3, Lärm, Lichtverhältnisse und klimatische Bedingungen (eigene Darstellung, 2021)

Die erwähnten drei Kategorien von Belastungsfaktoren sollen so gering wie möglich gehalten werden bzw. erst gar nicht existieren. Je weniger Belastungsfaktoren, desto bessere Arbeitsergebnisse – in Verbindung mit einem positiven Arbeitsklima – werden langfristig erzielt.

2.2 Belastung und Beanspruchung

Zur Erläuterung, wie Stress entsteht und wie er bewältigt werden kann, findet man in der wissenschaftlichen Literatur diverse theoretische Stresskonzepte, aus denen sich stressbedingte Erkrankungen ableiten lassen. Ein zentrales und bedeutendes Stressmodell, das sich in der Psychologie und Arbeitswissenschaft mehrheitlich durchgesetzt hat, ist das arbeitswissenschaftliche Belastungs-Beanspruchungsmodell (Klauer, 2012, S.263).

Darstellung Beispiel in Bezug auf Muster AG:

Problemstellung: Max Mustermann, Chef der Firma Muster AG, erteilt kurz vor Feierabend Herrn Müller einen wichtigen Auftrag, der mit einem neuen PC-Programm zu erledigen ist. Im Folgenden werden die Voraussetzungen, die individuelle Bewältigungsstrategie, die kurzfristige Beanspruchung und die langfristigen Folgen bei Mitarbeiter Müller aufgezeigt.

Mitarbeiter Müller, 38 Jahre, ledig, Vollzeitbeschäftigung:

-Voraussetzungen: Herrn Müller ist erfreut und motiviert, dass er endlich das neue PC-Programm anwenden darf. Er sieht den Auftrag als Herausforderung und ist sich sicher, dass er die Aufgabe bestmöglich erledigen wird. Nach Feierabend hat er nichts vor – er freut sich, die Gelegenheit zu haben, freie Stunden für ein verlängertes Wochenende generieren zu können.

-Individuelle Bewältigungsstrategie: Herr Müller setzt sich umgehend an den PC und erledigt den Auftrag mit Elan.

-Kurzfristige Beanspruchung: Herr Müller merkt, dass er kaum Probleme hat, die Aufgabe zu bewältigen. Er freut sich, da es ihm rasch gelingt, das Programm anzuwenden.

-Langfristige Folgen: Nach Abschluss der Arbeit wird Herr Müller von seinem Chef gelobt. Aufgrund ähnlicher Erlebnisse in der Vergangenheit, wächst sein Selbstbewusstsein und er ist sich sicher, dass er im Unternehmen geschätzt wird. An neue Aufgaben geht er zuversichtlich heran. Mitarbeiter Müller fühlt sich im Unternehmen wohl (Wohlbefinden).

Abbildung 9: AH 4, Darstellung Beispiel in Bezug auf Muster AG (eigene Darstellung, 2021)

Kurzinfo & Erläuterung Belastungs-Beanspruchungs-Konzept:

Das Konzept nimmt Bezug auf die Begriffe Belastung und Beanspruchung, wobei Stress eine mögliche Beanspruchungsfolge sein kann. Belastungen sind durch Arbeitsumgebung und Arbeitsaufgabe einwirkende Faktoren. Diese Faktoren wirken auf alle Mitarbeiten in gleicher Weise ein, werden jedoch unterschiedlich verarbeitet. Menschen können objektiv identische Belastungen subjektiv unterschiedlich wahrnehmen. In unserem Alltagsverständnis werden Belastungen häufig negativ eingestuft, jedoch werden in diesem Modell sowohl negative als auch positive Belastungen betrachtet. Belastungen können sich gesundheitsgefährdend auswirken, wenn Dauer und Intensität sowie Häufigkeit und Vielfalt der Belastung sehr hoch sind (BGW, 2006, S.8).

Abbildung 10: AH 4, Kurzinformation & Erläuterung Belastungs-Beanspruchungs-Konzept (eigene Darstellung, 2021)

Diskussion Belastung – Beanspruchung in Bezug auf Beispiel:

In Bezug auf das o. a. Beispiel, führen Belastungen per se nicht automatisch zu Erkrankungen. Ein Mensch verarbeitet Stressoren je nach Persönlichkeit, Erfahrung, Veranlagung, Einstellung, mentaler Verfassung, erlernter Bewältigungsstrategien sowie persönlicher Fähigkeiten unterschiedlich erfolgreich (Litzcke et al., S.6). Durch die persönliche Wahrnehmung können identische Arbeitssituationen sowohl durch quantitative als auch qualitative Unter- oder Überforderung gekennzeichnet sein (Poppelreuter/Mierke, S. 23).
So hat Herr Müller im obigen Beispiel, die Mehrarbeit und die Anwendung des neuen PC-Programms als durchaus positive Erfahrung wahrgenommen. Wenn man davon ausgehen würde, dass Herr Müller große Probleme beim Umgang mit dem neuen PC-Programm hat und ggf. nach Feierabend andere Aktivitäten geplant hätte, wären die Voraussetzungen und die Einstellung negativ. Er würde sich dennoch der Aufgabe stellen, um mögliche Kritik zu vermeiden. Innerlich wäre er durch die Tagesarbeit ausgelastet und vielleicht auch erschöpft. Er wäre unkonzentriert und würde zu Fehlern neigen (psychische Ermüdung durch Überforderung). Die Folge wäre, dass sein Chef mit der Erfüllung der Aufgabe unzufrieden ist. Unsicherheit könnte sich bei Herrn Müller breit machen. Er schläft schlecht, geht nicht mehr gerne zur Arbeit. Depressive Verstimmungen stellen sich bei ihm ein – zunächst selten, später häufiger (Krankheit). In diesem Fall könnten diese Belastungen langfristig zu Erkrankungen führen.
Zusammenfassend lässt sich festhalten, dass bei steigender Stressentwicklung und Überforderung gesundheitliche Störungen (subjektiver Gesundheitszustand, Erschöpfung) zunehmen. Da jedoch jeder Mensch in seiner Arbeitstätigkeit in Bezug auf Ausführbarkeit, Erträglichkeit, Zumutbarkeit und Zufriedenheit (Rohmert/Rutenfranz, 1975) unterschiedlich belastbar ist, führen Belastungen nicht automatisch zu Erkrankungen.

Abbildung 11: AH 4, Diskussion Belastung – Beanspruchung in Bezug auf Beispiel (eigene Darstellung, 2021)

3 Strategie-Workshop

3.1 Organisation

Die Agenda des Strategieworkshops sieht wie folgt aus:

Beginn ab 8:30 Uhr	BEGRÜSSUNGSKAFFEE	Alle Workshop-Teilnehmer
9:00 Uhr	BEGRÜSSUNG UND KURZE VORSTELLUNG DER WORKSHOPINHALTE	Geschäftsführung, Moderator
9:15 Uhr	STATUS QUO: AKTUELLE DATEN ZUM ARBEITS- UND GESUNDHEITSSCHUTZ, UNTERNEHMENSSTRATEGIE MIT VISION 2022	Geschäftsführung
9:45 Uhr	ERARBEITUNG UND PRIORISIERUNG VON MASSNAHMEN ZUM SCHUTZ UND STÄRKUNG DER GESUNDHEIT BEI ARBEITSBEDINGTER PSYCHISCHER BELASTUNG	Plenum, aufgeteilt in 2 Arbeitsgruppen Moderator

11:00 Uhr	KAFFEEPAUSE	
11:15 Uhr	BRAINSTORMING FÜR EINEN BETRIEBLICHEN GESUNDHEITSCHECK INKLUSIVE ERSTELLUNG EINES PRÄVENTIONSPROGRAMMS	Plenum, aufgeteilt in 2 Arbeitsgruppen Moderator
13:00 Uhr	MITTAGSPAUSE	
14:00 Uhr	ENTWICKLUNG EINES AUF DAS UNTERNEHMEN ADAPTIERTEN BGM	Plenum, Moderator
15:15 Uhr	KAFFEEPAUSE	
16:00 Uhr	FESTLEGUNG NÄCHSTER SCHRITTE: PRIORISIERUNGEN, VERANTWORTLICHKEITEN, TO DO'S MIT ZEITPLAN	Moderator
17:00 Uhr	FAZIT, OFFENE FRAGEN UND VERABSCHIEDUNG	Geschäftsführung, Moderator

Ende ca. 17:30 Uhr

Abbildung 12: AH 5, Agenda Strategieworkshop (eigene Darstellung, 2021)

Der Teilnehmerkreis, sowie die Funktionen der jeweiligen Personen, sind in der folgenden Tabelle dargestellt:

Teilnehmer	Funktion
Geschäftsführung	Strategische Entscheidungen
Betriebsrat	Interessensvertretung der Arbeitnehmer
Betriebsarzt	Fachliche Expertise
Vertreter des Bereichs Unternehmensstrategie	Fachliche Expertise
Mitarbeiter bzw. Führungskräfte	Praxiserfahrung und "Betroffene"
(Interne) Projektverantwortliche	Organisation, Dokumentation, Fachliche Expertise
Externer Berater (Moderator)	Neutrale Moderation und Leitung des Workshops

Abbildung 13: AH 5, Teilnehmerkreis & Funktionen Strategieworkshop (eigene Darstellung, 2021)

Begründung der Agenda und des Teilnehmerkreises:

Begründung Agenda:

Zu Beginn sollte immer eine Standortbestimmung bzw. Status Quo erfolgen. Im Anschluss werden die Hauptziele des BGM der Muster AG genauer analysiert und erarbeitet. Die Entwicklung von Maßnahmen bzw. eines Programms in Arbeitsgruppen unterstützt die Ideenvielfalt sowie die Identifikation mit dem Endergebnis. Die Priorisierung der nächsten Schritte sowie die Festlegung der Verantwortlichkeiten garantieren eine fristgerechte Umsetzung der Workshopziele. Dies entspricht der Vorgehensweise einer üblichen Gliederung eines Strategieworkshops.

Begründung Teilnehmerkreis:

Ein Strategieworkshop lebt von fachlicher Expertise und interaktiver Kommunikation. Daher sollte der Teilnehmerkreis eines Strategieworkshops für eine Vielfalt von Erfahrungen, Sichtweisen und hierarchischen Strukturen stehen. Strategische Entscheidungen sind grundsätzlich Entscheidungen der Geschäftsleitung, d.h. ein Strategieworkshop ohne die Teilnahme der Geschäftsführung macht keinen Sinn. Bei wichtigen Themen müssen die Sozialpartner, z.B. Betriebsrat, Arbeitnehmer und Fachexperten (Betriebsarzt) aus den relevante Abteilungen (Vertreter des Bereichs Unternehmensstrategie) integriert werden. Unverzichtbar für einen erfolgreichen Strategieworkshop ist eine neutrale Person, die die Diskussionen und den Ablauf des Workshops moderiert und leitet. Idealerweise ist dies ein externer und professioneller Moderator, da ein „Betroffener" keine objektive Expertise in solch einen Workshop einbringen kann.

Abbildung 14: AH 5, Begründung Agenda & Teilnehmerkreis (eigene Darstellung, 2021)

3.2 Vorbereitung

Ein Teil des Fragenkatalogs zum Thema „Psychische Belastung und Gesundheit" ist aus der nachfolgenden Tabelle ersichtlich:

Tabelle 1: Fragenkatalog „Psychische Belastung und Gesundheit" (eigene Darstellung, 2021)

	Fragenkatalog: **Psychische Belastungen und Gesundheit**	Ja, voll und ganz	Überwiegend ja	Überwiegend nein	Nein, überhaupt nicht
1	Sind Ihre täglichen Arbeitszeiten gut im Voraus planbar und Ihre Dienstpläne verlässlich?				
2	Steht Ihnen für das tägliche Arbeitspensum ausreichend Zeit zur Verfügung?				
3	Ist es Ihnen möglich, Ihre Aufgaben in der verfügbaren Zeit so zu schaffen, dass sie Ihren eigenen Qualitätsansprüchen genügt?				
4	Können Sie Ihre Arbeitsaufgaben überwiegend ohne Störungen bzw. Unterbrechungen erledigen?				
5	Können Sie Ihre Pausen rechtzeitig, ausreichend lang und ungestört in geeigneten Räumlichkeiten machen?				

6	Falls Sie mit Kolleginnen und Kollegen interdisziplinär zusammenarbeiten: Erleben Sie die Zusammenarbeit insgesamt als konstruktiv?				
7	Erleben Sie das Arbeitsklima in Ihrem Team als wertschätzend und unterstützend?				
8	Werden Sie von Ihrer Führungskraft bei Bedarf ausreichend unterstützt?				
		Beantwortungsfeld für offene Fragen			
9	Welches sind Ihrer Meinung nach die Hauptbelastungsfaktoren für die Mitarbeiter/innen im Betrieb?				
10	Wo sehen Sie die Stärken und Schwächen Ihres Betriebs im Umgang mit dem Thema Gesundheit?				
11	Welche (zusätzlichen) Maßnahmen zur betrieblichen Gesundheitsförderungen wären für Ihren Betrieb geeignet?				

Das vorliegende Beispiel des Fragenkatalogs ist an die Mitarbeiter der Muster AG gerichtet. Es werden zwei von vier Handlungsfeldern des Belastungs-Beanspruchungs-Modells aufgegriffen. Die Fragen 1-5 bedienen das Handlungsfeld „Arbeitsorganisation", was beispielsweise Arbeitszeit- und Abläufe sowie Kommunikation/Kooperation betrifft. Die Fragen 6-8 zielen auf die sozialen Beziehungen ab, wo es um die Zusammenarbeit mit Kollegen/-innen und Führungskraft, sowie die Unterstützung deren geht. Die Fragen 9-11 sind als offene Fragen gestellt und sollen die Befragten in Richtung Lösungsansätze bzw. Verbesserungsvorschläge anregen.

4   Modelle zur Fragenentwicklung

Diese Aufgabe betrachtet zwei Modelle zur Beurteilung psychischer Belastungen, sowie allgemeiner Belastungsfaktoren:

Beispiel Modell zur Beurteilung psychischer Belastungen:

Belastungs-Beanspruchungs-Modell

↓

Begründung:

Der Begriff der psychischen Belastung wird allgemein nach der DIN EN ISO 10075-1 definiert. Psychische Belastungen werden verstanden als "die Gesamtheit aller erfassbaren Einflüsse, die von außen auf den Menschen zukommen und psychisch auf ihn einwirken." Nach dieser Definition entstehen psychische Belastungen durch objektiv erfassbare Belastungsfaktoren. Diese Belastungen können auf den Menschen einwirken und bei ihm zu einer psychischen Beanspruchung führen. Eine psychische Beanspruchung ist nach der DIN-Norm "die unmittelbare (nicht langfristige) Auswirkung der psychischen Belastung im Individuum in Abhängigkeit von seinen jeweiligen überdauernden oder augenblicklichen Voraussetzungen, einschließlich der individuellen Bewältigungsstrategien". Somit lässt sich dieses Modell optimal als Grundlage zur Beurteilung psychischer Belastungen nutzen.

Abbildung 15: AH 7, Beispiel Belastungs-Beanspruchungs-Modell (eigene Darstellung, 2021)

Beispiel Modell zur Beurteilung allgemeiner Belastungsfaktoren:

Risikofaktorenmodell

↓

Begründung:

Beim Risikofaktorenmodell handelt es sich um ein pathogenetisches Modell (Becker, 2006, S. 34), anhand dessen vorhergesagt werden kann, wie hoch die Wahrscheinlichkeit ist, eine bestimmte Krankheit zu erleiden. Dieses Modell stützt sich auf zahlreiche Studien, die verständlich machen, dass Risikofaktoren für die Entstehung von Zivilisationskrankheiten mitverantwortlich sind. Besonders in der Arbeitswelt ist es wichtig, dass Risikofaktoren bekannt sind, um diese einzugrenzen bzw. zu vermeiden.

Abbildung 16: AH 7, Beispiel Risikofaktorenmodell (eigene Darstellung. 2021)

5   Literaturverzeichnis

Becker, P. (2006). *Gesundheit und Gesundheitsmodelle*. In K. Bös & W. Brehm (Hrsg.), Handbuch Gesundheitssport. Schorndorf: Hofmann Verlag.

Bundesgesundheitsministerium. *Vorteile betrieblicher Gesundheitsförderung 1 BGM*: Zugriff am 19.01.2021. Verfügbar unter Vorteile betrieblicher Gesundheitsförderung I BMG (bundesgesundheitsministerium.de)

Eifler, C. (2015). *Studienbrief Betriebliches Gesundheitsmanagement 1 – Unternehmensstrategie BGM* (rev.24.028.000). Saarbrücken: Deutsche Hochschule für Prävention und Gesundheitsmanagement.

Litzcke, S. (2013). *Belastungen im Beruf: Stress, Mobbing und Burn-out am Arbeitsplatz*. 6., vollst. überarbeitete Auflage, Springer Verlag.

Rohmert, W., Rutenfranz, J. (1975). *Arbeitswissenschaftliche Beurteilung der Belastung und Beanspruchung an unterschiedlichen industriellen Arbeitsplätzen*. Der Bundesminister für Arbeit und Sozialordnung.

Dr. Poppelreuter, S., Prof. Dr. Mierke, K. (2012). *Psychische Belastungen am Arbeitsplatz: Ursachen – Auswirkungen – Handlungsmöglichkeiten*, 4., durchgesehene Auflage, Erich Schmidt Verlag.

Universität Bielefeld. *Ziele des BGM nach ZWW*: Zugriff am 19.01.2021. Verfügbar unter www.bgm-bielefeld.de

6   Abbildungs- und Tabellenverzeichnis

6.1   Abbildungsverzeichnis

6.2 Tabellenverzeichnis